JN411127

방바닥이 속삭인다

정은호 시집

문학의전당 시인선
0306

방바닥이 속삭인다

정은호 시집

문학의전당

시인의 말

일찍 떠나온 고향은
나를 움켜쥐고 놓아주지 않는다.

그러다 보니
도시에서의 삶도 늘 불안하다.

그 위태위태한 삶을 같이한
가족들이 있어 여기까지 올 수 있었다.

고맙다.

때로는 쓸쓸하고 외롭지만
온 길처럼 갈 길을 생각하며

또, 부끄러운 흔적을 남긴다.

2019년 6월 창원 대암산 아래서
정은호

차례

제2부

제3부

제4부

제1부

선풍기

쉴 새 없이 도는 것만 놓고 보면
우린 참 많이 닮았다

너는 늘 같은 자리에서
빙글빙글 돌다
힘겨우면 더운 바람 내뿜고

나는 늘 같은 자리에서
빵빵이 치다
힘겨우면 거친 숨 내몰아 쉬고

선풍기야!
나도 날개를 멈추고 싶다

그런데 누가
누가, 스위치를 쥐고 있나

낮과 밤

아침에 일터에 가고
저녁에 집으로 돌아오는 것을 보면
가끔은 부러울 때가 있다

나는 한 주는 밤에 일하고
한 주는 밤에 잔다

사실 공장 천장에 매달린
저 수은등이 꺼지거나
공장이 문을 닫지 않는 한
밤일을 멈출 수가 있을까

굳이 자본이 어떻고 하는, 말하지 않더라도
이미 내 몸은 굴렁쇠가 되어
한 주는 낮에 일하고
한 주는 낮에 잠을 자는 데
익숙해져 있다

내 몸이 바뀐 밤낮에
아무리 익숙해져 있어도
가끔은 낮에 일하고 밤에 잠자는 것이
부러울 때가 있다

명함

간혹 누군가 초면 인사를 하고 명함 내밀 때 저는 명함이 없는데…… 그 말이 요즘 목구멍으로 잘 넘어오질 않습니다. 혈기 왕성하던 그 예전엔 부끄럽지 않던 일들이 받기만 하고 줄 게 없는 요즈음은 지은 죄도 없는데 미안합니다. 그래서 이름난 사람이나 사업가들이 흔히 만드는 줄만 알았던 그 명함을 찍기로 했습니다. 공장 다니는 놈이니 앞면엔 공장 이름 커다랗게 찍고 전화번호도 넣고 주소를 새기고 나니 뒷면이 걱정입니다. 그래도 시 쓰는 놈인데 시인이라고 이름을 박아 넣으려다 관두었습니다. 어눌한 시를 쓰고 살지만 내 몸이 사상이다, 내 몸이 시다, 그 정직함을 위한 까닭에 뒷면은 그냥 비워 두었습니다.

모범상 받는 날

하필, 오늘 같은 날 아내랑 한바탕 할 게 뭐람 살가운 코맹맹이 소리 뭔 소린지 알면서도 피곤하다 그냥 자자 딱 잘라버리고, 아침 밥상머리에서 아내 눈치 보다가 수틀려 대문 박차고 나와 공장에서 십몇 년 만에 모범상을 받는데 자꾸 뒤통수가 가렵다 하기야, 날마다 늦게 퇴근하고 집에선 늦게까지 컴퓨터만 붙들고 앉아 있으니 어찌 아내가 좋아하랴 회사에 남편 빼앗겼다고 소송을 낸 황신혜가 나오던 그 난감하던 영화* 도 생각나고, 애들 챙겨 보내고 표독한 칼날이라도 세웠으면 좋으련만 필경, 울다가 공장에 가 있을 아내 생각을 하니 칼날에 가슴을 베인 듯하다 에이 나쁜 놈아, 점심시간에 전화 걸어 미안하다고 말하려는데, 아내가 밥 먹었냐고 먼저 묻는다

---

*강우석 감독의 영화 〈생과부 위자료 청구소송〉.

노래의 힘

노래도 부르지 않으면 잊히는 모양이다

일하다 말고 혼자 흥얼거려보는데
자꾸 산을 넘다 걸려 넘어지고
강을 건너다 숨이 차서 헉헉거린다

'딸들아 일어나라'
'함께 가자 우리 이 길을'
'바위처럼'

막히는 노래 더듬다 보면
저절로 떠오르는 얼굴들

수출자유지역 공장 나올 때
쓴 소주잔 들이키며
얼싸안고,
또 보자!
뿔뿔이 흩어졌던 사람들

노래도 부르지 않으면 잊히듯
막힌 장벽처럼 얼굴이 캄캄할 때가 더 많다

이런 날 아니면

내 첫 시집 나왔다고 출판기념회 하는 날

공장 동료가 정장을 하고 오겠단다

일 년 열두 달 잘 해야 서너 번 입는데

이런 날 아니면 언제 또 입겠냐 우기며

굳이 정장을 하고 오겠단다

양복 입고 넥타이를 매야 사람대접 받는다는 것을

잠시라도 노동자라는 무거운 이름을

내려놓고 싶다는 것을

아침노을

어둠과 싸운 빛이 길게 드리웠다

밝은 곳도
어둡고 습한 곳도
선한 것도
악한 것도
온전히 비추는
온 마음 크고 넓게 세상을 껴안을

저 붉은 강
밤 내내 공장에서 보낸
우리들 귀로(歸路)였으면 좋겠다

앞장서 어둠을 몰아내는 전사처럼 당당한

CNC선반을 배운다

2008년 미국발 금융위기가 닥치자
잘 돌아가던 공장라인이 한순간에 멈추었다

우린 일거리가 있는 공장에서 일하기 위해
내가 지금까지 한 일과는 상관없이
창원기능대학에서 직무전환교육을 받았다

CNC선반 앞에 서는 순간
이십 년 전 잠시 다루었던 기억이
가슴을 꽉꽉 찌른다

숱한 길 앞에서도 가족만 생각하며
앞만 보고 걸어왔는데
그때나 지금이나
밥벌이를 위해 이리저리 나는 쏠리고 있다

살얼음판 같은 시간 앞에
지푸라기라도 잡는 심정으로

이십 년 전처럼
다시 CNC선반을 배운다

---

*CNC: 선반(旋盤)이나 절삭기 등 공작 기계에 의한 가공을 컴퓨터를 이용하여 제어하는 것.

행복일기

행복하다 싶다가도 불안할 때가 많다

장기간 출장지로 떠나기 전
하루 쉬는 날
아이들이 무슨 신명이라도 잡혔는지
까르르 까르르 쪼르르 쪼르르
함박웃음꽃 피워내고
아내는 무슨 맛난 음식을 만드는지
달그락거리는 소리가 부산하다

한 달 일해서 한 달을 사는
공단 노동자로 사는 내 삶이
차오르고 기울고 하는 보름달 같다 해도
그냥 가슴이 벅찼다

출장지로 가는 고속도로 위
떨리는 자동차 핸들인들
어찌 힘주어 쥐지 않으리

거짓말 같습니다

한여름 작업장엔 여기저기 더운 바람 내뿜는 선풍기 몇 대 돌아가고, 그 더운 바람 쐬며 만든 제품들 쌓아놓은 창고엔 에어컨 두 대 빵빵하게 돌아갑니다

입

언뜻 보면

아무 걱정 없어 보일지라도

살아있다는 것을

쉴 새 없이 증명하는

금붕어

바윗돌

바윗돌 하나 서 있다

저 바위처럼 어디 한 곳 뿌리박고 있을 수 있다면
이 공장 저 공장 떠돌아다니는
이 불안의 그림자 걷어낼 수 있겠다 싶은데,

나는 왜 저 바윗돌이 자꾸 불안한가

고맙다

다행히 일거리 늘어
내일부터 잔업을 하란다
주야 교대근무가 정상적으로 돌아간단다
오늘로 파견근무도 끝이란다

일은 줄고 일할 사람이 많은데도
정리해고 하지 않고
잔업을 줄이고 돌아가며 쉬고
주야 교대근무 시간을 줄이고
월급은 줄어도 공장 밖으로
동료들 단 한 명도 나가지 않았다

일거리 줄어들면
서로 고통을 나누는 대신
공장 밖으로 노동자를
쫓아내는 곳이 한두 군데가 아닌데

회사 경영자에게 고맙다

노동조합도 고맙다
서로서로 믿고 고통을 나누며 함께한
동료에게 더 고맙다

정년

정년을 맞은 형들을 위해
조촐한 자리 마련할 때마다
늘 안타깝다

비정규직 꼭지를 달고서라도
자식 놈 공부 마칠 때까지
더 일을 해야겠다는데
정년은 무슨 정년이란 말인가

노후를 보장받지 못하는 정년은
또 다른 노동의 시작일 뿐

이런 자리 마련해주어 고맙다며
소주잔 가득 채우고
다 같이 건배하잔다

"노동자는 죽을 때가 정년이다"

차마,

위하여!

하지 못하고

소주를 단숨에 털어 넣는다

쉬면 녹슨다

누군가는 이 말을
평생 마음에 두고 살았다는데

오십이 넘어서야
시퍼런 죽비가 되어 내 가슴을 내리친다

제2부

방바닥이 속삭인다

등짝이 방바닥에 달라붙어 떨어지질 않는다
출근할 시간은 다가오는데

이렇게 살아 뭐 하겠냐고 천장이 뱅글뱅글 도는데
내가 박아놓은 말뚝이 공장과 집이 한계인데

술 한 잔 마시면
삶의 컴퍼스 무조건 크게 그려야 한다고
아내에게 입버릇처럼 큰소리 뻥뻥 쳐왔는데

구들장을 지고서라도 출근하라는
아내 지청구에 정신이 퍼뜩 드는데

그래도, 여전히 방바닥은 속삭이는데

그날

설날을 앞두고 미지급된 연말 성과급 지급하라, 단식농성 팔 일 만에 우리 위원장 병원까지 실려 갔다 오고 더 이상 어찌 해볼 길이 없자

다 같이 머리 깎자! 공장 본관 앞에 조합원들 모아놓고 삭발식 하려는데

나이 든 형들이 먼저 머리 깎겠다 나서는데, 그래도 시를 쓴다며 임금체불에 비정규직이 어떻고 떠들었던 나는 형들처럼 쉬 나서지도 못하고 쭈뼛거리며 눈치만 보고 섰던

시퍼런 칼

시퍼런 칼이 따로 없다
그 어떤 방패로도 막을 수 없는

우리 공장 비정규직
달수 형 만기 형 최 씨 아재
공장을 돌며 그동안 고마웠다고
인사를 건네는데

손을 꽉 잡아주는 것밖에
가슴을 꽉 껴안아주는 것밖에

일거리가 많아도
일거리가 적어도
정규직인 우리들보다
늘 한발 먼저 칼날 앞에 목을 내미는

오히려 노동법이
시퍼런 칼이 될 때가 있다

꿈을 그리며

할아버지는 한시(漢詩)를 하셨다 했다

아버지는 가난한 농부, 부농을 꿈꾸셨다

나는 가난한 사람들 삶을 노래하는 시인이 되고 싶었다

큰딸아이는
세상 아름다움을 화폭에 담는 그림을 그린다

둘째는
살기 좋은 세상을 만들기 위해 공대에 갔다

아직 모르지만 고등학교에 다니는 막내는
세상을 아름다운 향기로 가득 채울 조향사가 되겠단다

교사가 되고 싶었다던
아내의 꿈이 못내 아리지만

아침이면 아내와 나는

꿈을 그리며 나란히 공단으로 출근을 한다

겨울 저녁하늘이 환하다

온탕에 들어가 몸 불리고 나와 때를 민다 앙상한 팔과 불룩한 배, 가슴에 허벅지 엉덩이까지 다 밀고 나니 등이 남았다

등밀이 기계에 맡길 것인가 아니면, 누군가에게 등을 좀 밀어 달라 부탁을 할 것인가 잠시 고민을 해본다 요즈음은 등 한 번 밀어 달라는 게 영 어색하다 지금도 등밀이 기계는 쉬지 않고 돌아가고 있다

이럴 땐 사내 녀석이 한 놈 있었으면 하는 마음도 없지 않다 용기를 내어 젊은 친구에게 부탁을 하고, 나도 그의 등을 밀어주고 목욕탕을 나섰다

오늘은 혼자지만 겨울 저녁하늘이 환하다

독수리 타법

세상 살아가는 길이
어찌 한 가지 방법뿐이랴

자판 위에 손가락 두 개를 올려놓고
독수리처럼 날아오르는 꿈을 꾼다

부리가 아프지만

더디게 더디게 가더라도
내 길은 있다

내 이름

어디서 잉태되었을까

여의도 국회였을까
압구정 룸이었을까
그룹 전략기획팀이었을까

에미 애비가 누군지 추측만 한다

재계약 빌미로 저당 잡힌 몸
죽은 듯이 살아야
살아갈 수 있는
비정규직인 나는

잉태부터 불륜이다

부부

내가 하루하루
잔업시간을 기록해놓듯
아내는 부업한 양을
날마다 달력에 기록해둔다

내가 월급 타면 동료들과
마음 편하게 소주 한잔하듯
아내는 한 달 치 부업한 돈을 받으면
고기집이라도 가자며
이번에는 자기가 쏘겠다고
입가에 웃음이 가득하다

오늘만은
아내 손이라도 지긋이 잡아주어야겠다

그래, 그렇지

친구 따라 강남 간다 하였던가
월차 내고 바람 쐬러
의령 벽계 골짝으로 갔다

몸이 아프거나
볼일이 있어야만
월차를 쓴 날들 돌아보며
헐떡이며 앞만 보고 달려온
나를 보았다

"우리야 이런 날이 많아야 한두 번이지
있는 놈들은 늘 평일에 놀러 다니잖아"
"그래, 그렇지"

"어차피 자본주의 세상에서
몸뚱이 하나로 사는 우리
바동거려 봐야 거가 거기잖아"
"그렇지, 그렇고말고"

약속이나 한 듯
친구가 하는 말에 맞장구를 치자
물소리도 경쾌하다

늦가을 저녁

S&T중공업 앞을 지나는데
"부당해고 철회하라!"
붉은 조끼 입고 머리띠 두른
한 무리 노동자들

저들도 가족이 있을 텐데
내 아이들 생각에
나는 자꾸 맥박이 빨라지고

통근버스에 앉아 바라보는
그들의 모습 뒤로
너무도 선명한 그림자들

그림자 너머
남편이 무너지고
아내가 아이들이 도미노처럼
와르르 무너져 내릴 것 같은
늦가을 저녁

주문을 건다

아침마다 늘어지는 몸
이불 속으로 파고드는 마음
억지로 누르고 주문을 건다

"아! 잘 잤다—
자! 일어나자—
오늘도 하루를 즐겁게 시작하자"

주문에 걸린 몸이 스르르
이불을 밀어내고 출근 준비를 한다

세상도
일터도 빠르게 변하고
늘 마음이 몸을 놓아버릴까
두려운 나는
날마다 주문을 걸면서
공장에 간다

아버지 말씀

"너거도 토요일 노나"

일요일 하루 놀면 되지
뭐 이틀씩이나 노냐고
이게 안 되는 짓이라고

평생 일하지 않고
손톱만 한 대가 바란 적 없고
놀면 안 되는 줄 아는
아버지

"아버지, 공장마다 일이 없어
쉬는 건 밥 먹듯이 합니다
그래도 저는 정규직이라 좀 낫다"고

이 말이
입속에서만 빙빙 돌고

나에게 묻는다

대둔산 흔들리는 구름다리 위에서
아찔한 현기증을 느끼며
바람이 전하는 말을 듣고 있다

대둔산은 동학군이 선택한 산이다
지리산은 이름 모를 파르티잔이 선택한 산이고
마산 무학산은 3·15 학생 민중이 선택한 산이고
김해 봉화산은 노무현 대통령이 선택한 산이다

살면서 목숨을 걸어본 적 있는가
나는 오늘 케이블카 타고 너무 쉽게 대둔산에 올라
나에게 묻는다

마산

1960년 4월 11일은 잊을 수 없다

마산 앞바다에 김주열 열사 시신이 떠오르자 성난 시민들 분분히 들고 일어나, 부정한 방법을 동원해 권력을 잡으려던 이승만 정권을 무너뜨린 쾌거의 역사를 쓴 날이며, 현대사의 비극을 알리는 날이다 갈수록 잊히는 역사의 현장 마산

마산에는 3·15 국립묘지가 있다

제3부

저 맑고 파란 하늘처럼

파란 하늘을 보면서도 아버지는 자식 놈 걱정에 밤마다 잠 못 들고 어머니는 아버지마저 무너질까 두려운 것이다

마흔이 되도록 어디 한 곳 뿌리내리지 못하는 첫째 동생이 안쓰럽고, 사회에 첫발 떼자마자 겉돌기만 하던 둘째는 바람만 잔뜩 들어 하는 일마다 되는 일도 없이 몸도 망가지고 정신도 망가져 고향집 구들장 진 지 오래고, 그래도 제법 기가 살아 팔팔거리던 막내 놈마저 공장에서 허리 다쳐 병원을 들락거린 지 오래고, 맏이인 나도 변변찮으니 가슴만 아프고……

장마 그친 저 맑고 파란 하늘에 기도하듯 어머니 아버지라 쓴다

청매실을 따며

산비탈 밭뙈기와
천수답에
아버지는 매실나무를 심으셨다

때 되면 꽃피고
열매 주렁주렁 매달아
올해도 어김없이
청매실 따느라
쉴 틈도 없으시지만

매실나무 심은 건 참 잘한 거라고
논농사보다는 몇 배나 낫다고
매실 딸 때는
팔다리 아리고 쑤시는 것도
모르신다고

하루 쉬는 일요일
일손 도우러

아들놈 왔다고
환하게 웃으시는데

단단한 매실을 손에 질수록
나는 자꾸 물렁물렁해진다

툭

"비단옷 입고 밤길 참 많이 걸었다."

툭,
던지는 한마디에 회한이 스치고

실처럼 여린 바람에도
아픔이 되는

아버지가 시인이더라

하늘같은

어릴 때 하늘이 높은 까닭은
이름만으로 주눅이 들었기 때문인데

가령
하늘같은 아버지
아버지,

좀 나이가 들고부터는
땅이 다 받아준다는 것을 알기 때문인데

가령
땅 같은 어머니
어머니,

좀 더 나이가 들어서는
내 아이들이 그리 보아주었으면 좋겠는데

하늘같이 땅같이

들

가을걷이 끝나면
이삭 주워
찐쌀 찧어 먹고
사탕과 바꿔 먹고
나락 한 알 함부로 대하지 않으시던
어머니 아버지

요즈음 아이들
쌀나무가 어떻게 생겼냐고 묻는다는데

떨어지는 쌀값에 농사 지어봐야
갈수록 빚만 늘어난다며
어르신들 마을회관에 모여
저 논 갈아엎을까
어쩔까
머리를 맞대고 계신다는데

적어도 그때는 가난했어도

저 들판을

그 누구도 함부로 대하지 않았다

가난 1
—누이

고등학교 가고 싶다며
몇 날 며칠을 울었다

사내 동생들이 줄줄인데
딸내미 공부시켜 뭐 할 거냐며
억지로 얼굴 붉히며
목소리 높이시던 아버지 마음
왜 모를까마는

퉁퉁 부은 눈으로
누이가 공장으로 가던 날
미안한 마음도
잘 가라는 말도 하지 못하고
나는 감나무 뒤에 숨어
죄 없는 나무 밑동만
툭, 툭
발길질했다

가난 2
—시계

텔레비전이 마을에 몇 대 없을 때, 텔레비전이 있는 수동이네 집 앞에서 많이 놀았다. 그날도 수동이 집 앞에서 놀다 왔는데 수동이 아버지 손목시계가 없어졌단다. 누가 훔쳐 갔냐며 친구들이 다 불려가 추궁을 당하는데, 유독 나에게만 그 추궁이 심했다. 순경을 데려오겠다, 겁을 주고 숨도 못 쉬도록 멱살을 잡고 시계 어디다 감췄냐 고함을 치는데, 나는 발발 떨기만 했다. 나중에 들으니 자식이 도둑으로 몰리는 걸 뻔히 알지만 아버지는 멀찍이서 헛기침만 하시고 어머니는 울며불며 내 자식을 도둑으로 몰지 말라며 온 동네를 발칵 뒤집어 놓으셨단다. 그 바람에 추궁은 끝났지만 나는 아직도 그 상처가 가슴 한쪽에 못으로 남아 있다.

달

마을 어귀에 금줄 치듯
쌀 개방 반대 현수막이 나붙었다

갈수록 동네는 조용하고
가을 들판을 휘젓고 다니던
참새들도 보이지 않는다

참새들도
회관에 모여 쌀 개방을 걱정하는
마을 사람들처럼
머리를 맞대고 있는지 모른다

잘살아 보겠다고
늙고 병든 어머니 아버지
고향에 두고
도회지로 떠나온 못난 나를
참새보다도 못한 놈이라고

오늘따라 저 둥근 달이
나를 꾸짖는 것 같다

양은도시락

시골집에 갔다가 우연히 찬장 위에 내 도시락이 아직 그대로 놓여 있는 걸 보았다
세월만큼 얼룩이 진 양은도시락

학교까지 기차 통학하던 그때, 새벽밥이 늦어 차 시간에 쫓겨 도시락 못 챙기고 뛰어가면, 금방 뜸이 든 솥에서 푼 도시락을 들고 뒤따라오시던 어머니

고향 떠난 지 이십 년이 넘었는데 기차가 막 떠나려는 찰나 어머니께서 숨을 헐떡이며 건네주시던 양은도시락

아직도 따뜻하다

호박꽃

겉모양만 화려하면
좋은 줄 알았던 철없던 때

호박꽃은
꽃도 아니라고
깝죽거리고 다녔던 때

꽃은 역시
장미가 최고라고
우쭐대며 휘파람을 날렸던

오십을 넘기고 나서야
호박꽃에서 어머니를 본다

꽃 피워낸 자리마다
둥글둥글 자식들을 매달고
평생 흙 밭에서 뒹군
내 어머니

아우에게

아우야
살다가 힘들거든
나락 짐 지고 논둑길 가던
아버지를 생각해보렴

온종일
무논에서 모내기하며
힘들어도 노래 한 자락 칼칼하게 부르던
어머니를 떠올려보렴

한평생 농사일에
이리 채이고 저리 채여 끊어질 듯
허리 아파도 자식 앞에
눈물 보이지 않으시던
내 아버지 어머니처럼

아우야 내 아우야

오늘은 거울을 보듯
아버지 어머니 마음 한번 들여다보아 주렴
찬찬히 보아 주렴

가훈

가훈 하나 있으면 하던
아내 말 흘려듣고 있었는데
우리 집 벽에도 가훈 하나
떡하니 걸려 있다

넓게 알고
깊게 생각하며
바르게 행동하자

도둑이 제 발 저리다고
아무리 보아도 내게 하는 말 같다

못난 남편 공장 다니며
폭도, 깊이도 없는 시 쓴다며
끙끙거리고 헤맨다는 걸

아내는 이미 꿰뚫고 있는 듯하다

빈자리

쪼들려서 못 살겠다며
돈 한번 펑펑 써보았으면 좋겠다고
입버릇처럼 해대더니
막내 놀이방에 맡기고
아내도 공장에 간다

야근하고 돌아온 나는 할 일이 많아졌다
다들 바쁘게 나가고 아무도 없는 집
아침밥 챙겨먹고
설거지 하고
윙윙 청소기도 밀고
걸레질도 하고
가만히 누워 보지만 잠은 오지 않는다

야근 출근하려면 눈을 좀 붙여야 하는데
두 눈만 말똥말똥 너무 고요하다

고향 가는 길

가끔은 마음보다 멀 때가 있다

넌지시 말해두긴 하지만
솔직히 아내 마음도 살펴야 하고
컴퓨터가 좋다는 아이들도 꼬셔야 된다

그래도 나는 즐겁다

아침 일찍 일어나 이불도 개고 청소기도 밀고
아내 눈에 들기 위해 꼬장꼬장한 나는
아예 획 집어던져 버리고 집안일을 한다
그리고 조용히 말한다

"봄나들이 가듯 다녀오자"

한 시간이면 가는 길을
바다와 숲과 들이 보이는 길 둘러서 가며
아이들 마음에도 말을 붙인다

"시골 할아버지 집 가는 길 죽이지"

가끔은 고향 가는 길
마음보다 몇 배는 더 멀 때가 있다

아내가 부르는 노래

화장실 둘 딸린 집으로 이사 가자고 아내는 언제부턴가 노래를 불렀습니다.

그날도 화장실에 앉았는데 막내 놈이 아빠 빨리 나오라고 문고리 잡고 죽는소리 냅니다. 아내도 덩달아 우리 집 막내 놈 똥꼬 움켜잡았다고 야단입니다. 똥 누다 문 열고 나오는 게 어디 한두 번이겠습니까마는, 공장 다니며 별은 좀 보고 다니지만 별 따는 재주가 있어야지 말입니다.

노래도 같이 불러야 흥이 나는데
아내가 부르는 노래가
노래가 되지 못하고
머리부터 발끝까지 흔들어놓습니다.
가슴에 못처럼 박힙니다.

제4부

화이트데이

퇴근하며 사탕을 샀다

현관문 들어서자
사탕 바구니에
아이들이 먼저 달려든다

아내는 바라지도 않았다는 듯
무슨 사탕이냐며
연애할 때도 아니고
신혼 때도 아닌데 하며
실실 웃기만 한다

나도 그냥 실실 웃는다

오늘밤엔 보지 않아도
틀림없이 달빛이 화사하겠다

잘못 들어온 메시지

부희야, 잘 사니
학교생활은 잼있나
외할머니 돌아가시고
엄마 많이 우울해하니까
잘 보살펴드려라
그럼, 잘 자거라
못난 아버지가

자정이 지난 늦은 시각
아마 멀리 있는 자식에게 보내는
이 안부가
비록
전파를 잘못 타고 왔다고는 하나
내 가슴 찌릿찌릿하다

목백일홍

몽실*의
무덤가에 피어오른
영혼의 꽃

석 달 열흘 동안
못다 한 이승의 사랑
풀어놓은 걸까

뜨겁던
여름 견디며
꽃잎 떨어지니

가슴 아리는
가을이 깊다

*목백일홍 전설 속 여주인공 이름.

꽃

아름다운 것은 가시가 있고
독이 있고 한이 있더라

장미가 그렇고 능소화가 그렇다

봉선화는 손톱 붉게 물들이는 사랑이 있고

동백은 빨갛게 멍이 드는 한이 있더라

또 소쩍 소쩍 두견화 전설
진달래 철쭉이 아린 봄 아니더냐

가끔은 사람도 아리따운 청춘이 더 아리더라

꽃을 아름답게만 보는 것은
꽃을 모르는 것이리라

저렇게 활짝 피어 웃고 있는 꽃도

나처럼 가슴 한쪽
하루하루
아린 삶을 살아내는 것인지 모른다

경운기를 몰며

고향 매실밭 오가며 경운기 털털 몰다 보면 농부가 된 것 같아 좋다 통통거리는 경운기 소리 쌩쌩 돌아가는 도시의 궤도 따윈 관심 없다는 듯 툭 툭 가슴을 치며 묻는다

"고향도 버리고, 부모도 버리고, 왜 그렇게 사느냐?"

청매실 몇 포대 담아 싣고 돌아오는 길 내내, 통통거리는 경운기에게 답하지 못했다

아버지

부모는 자식이 잘되어야 어깨 힘도 들어가고 콧방귀도 낀다는데

팔순이 다 되어가는데도 농사일 손 놓지 못하신다 제발 힘에 부치는 농사일 좀 그만 하시고 소일 삼아 한 두어 마지기만 부치시라 하면, 맨날 약봉지 달고 사는데 그 약값 어디서 나올끼고 하시며 딱 잘라버리신다

씨나락 넣는다는 연락 받고 아내랑 고향 가는 이 봄날, 농사는 아버지 평생 몸에서 떼어낼 수 없는 자식 같은 것인지도 모른다는 생각을 해본다

처남 장가가는 날

입고 갈 옷이 없단다

살면서 눈비 내린 적
왜 없었겠냐만
갈음옷 한 벌 없는 아내

땡빚을 내더라도
당장 옷 한 벌 사 입으라고
여태껏 뭐하고 있었느냐고
버럭 화를 냈다만

화가 금세
내 마음속에 들어와
퍼런 멍이 드는
우물을 판다

어머니

베란다에서 빤히 보이는 은행나무 한 그루
가지마다 주렁주렁 매달린 은행이 반짝 빛난다

손만 뻗으면 닿을 듯
지척이지만

보는 것만으로도 은행나무의 수고로움이
내 마음 사로잡는다

맑은 날

야근 마치고
아침에 퇴근을 하면
몸은 피곤한데
잠이 오지 않는 날이 있다
이런 날은
담배 한 대 피워 물고
베란다를 서성이게 된다

아무리 봐도
잠을 자기엔 하늘이 너무 맑다

파란 은행잎과
빨간 장미꽃 무더기
울을 벗 삼아 잘도 어우러져
지들끼리 재잘대더니
날 보며 한마디 한다

"잠을 자기엔 하늘이 너무 맑지 않느냐"

그렇다, 그렇고말고
아무리 피곤해도
막내 놈 학교에서 돌아오면
파란 은행잎을 배경으로
빨간 장미꽃처럼 강렬한
사진 한 장 찍어야겠다

독새풀

유독 보리논에 많았다

밭농사 망치고 논농사 망치게 하는

세상에도 늘 이런 부류들이 있기 마련

김매기를 해도 해도 끝이 없고

우리 엄니들 애간장 어지간히 썩히던

독새풀,

힘 있는 놈은 힘으로, 돈 있는 놈은 돈으로

세상 뒤흔드는 징그러운 놈들

오늘도 뉴스를 장식하고 있다

돋보기

공장에서 쓰는 것
책 읽을 때 쓰는 것
차에서 쓰는 것
언제부턴가 돋보기를 끼고 산다

한 번도 크게는 살아보지도 못한 삶
눈이 침침해지면서
갈수록 마음은 더 작아지고 있다

마음의 눈
마음의 그릇이라며
돋보기를 쓸 때마다
나 자신을 위로해본다

나에게

적어도 다섯 수레는 읽어야 한다는데

나도 명색이 시인인데

말이나 글이나

사기를 치고 있는 게 분명하다

인재(人災)

토네이도나 태풍 해일 같은 아직도 인간의 손으로 막지 못하는 것이 있다는 게 어쩌면 다행인지 모른다

노란 은행잎

늦가을
노랗게 물든 은행잎을 보고 있으면

아름다움이란
제 빛깔을 갖는 것이라는 것을 알겠다

봄부터 무논에 들어선
농부의 마음 같은

하루 종일 포물선을 그린
석양의 마음 같은

새끼에게 젖을 물린
어미의 마음 같다는 생각을 해보다가

이렇게 가을이 다 가도록
은행잎이 노랗게 물이 들도록

나는 내 빛깔이 무엇인지
아직도 모른다

내로남불*

알고 했든 모르고 했든
누군가에게 상처를 주었다면
착한 놈은 아니다

털어 먼지 나지 않는 놈 없다지만
그렇게들 말은 하지만

세상 살다가 가슴에 손을 얹고
양심 떨리던 날
어찌, 단 하루도 없었겠는가

착한 놈은 아니라고 말하는 게 도리어 편안하다
그게 좀 더 양심적이다

웃기지들 마라

---

*내가 하면 로맨스 남이 하면 불륜이라는 정치권 신조어.

해설

자본—노동의 뒤곁, 일상생활의 서사

—정은호 시집 『방바닥이 속삭인다』 읽기

오민석 시인·단국대 교수

I.

마르크스는 「임금노동과 자본」이라는 글에서, 노동자들에게 노동이 실제로 "삶의 표명"이 되지 못함을 지적하였다. 그에 따르면 노동자들에게 진짜 '삶'은 역설적이게도 노동행위가 끝나는 곳, 가령 (일과 후의) 저녁 식탁이나, 선술집에서 시작된다. 마르크스는 이 글을 1847년에 썼다. 창원공단의 노동자인 정은호 시인의 이 시집을 읽으면, 21세기 한국의 노동현실이 19세기 유럽의 그것과 (구조적으로) 하등 달라진 게 없음을 알게 된다.

아침에 일터에 가고

저녁에 집으로 돌아오는 것을 보면
가끔은 부러울 때가 있다

나는 한 주는 밤에 일하고
한 주는 밤에 잔다

사실 공장 천장에 매달린
저 수은등이 꺼지거나
공장이 문을 닫지 않는 한
밤일을 멈출 수가 있을까

굳이 자본이 어떻고 하는, 말하지 않더라도
이미 내 몸은 굴렁쇠가 되어
한 주는 낮에 일하고
한 주는 낮에 잠을 자는 데
익숙해져 있다

내 몸이 바뀐 밤낮에
아무리 익숙해져 있어도
가끔은 낮에 일하고 밤에 잠자는 것이
부러울 때가 있다

—「낮과 밤」 전문

낮과 밤이 바뀐 채 일하지 않으면 안 되는 "굴렁쇠" 노동자가 원하는 것은, 낮에 일하고 밤에 쉬는, 평범한 일상이다. 하루 종일 공장에서 일하고 난 후, 다른 가족들이 귀가하는 저녁에 함께 식탁에 앉을 때, 노동자의 '진짜' 삶이 시작된다. 이 시의 화자인 노동자는 그런 일상의 행복마저 박탈당한 상태에 있다. 19세기에도 21세기에도 노동자들은 여전히 노동으로부터 소외되어 있으며, 노동자들에게 노동은 생계 수단 이상의 별다른 의미가 없다. 노동자의 노동력은 새로운 가치를 생산하지만, 노동자는 그 가치의 소유자가 되지 못할뿐더러, 그 가치에 대하여 아무런 권리를 주장할 수 없다. (마르크스의 비유대로) 단지 살기 위하여 열심히 노동을 하는(뽕잎을 뜯어먹는) 누에가 자신이 생산한 비단실에 대하여 아무런 권리가 없는 것과 마찬가지로, 공장에서 방직기를 돌리는 노동자는 자신이 생산한 아마포에 대하여 아무런 권리를 행사할 수 없다. 그러므로 노동은 그들의 삶의 '표현'이 될 수 없다.

노동이 삶의 표명이 될 때는 노동이 오로지 자신의 재화를 생산할 때이다. 그러므로 그림을 그리는 화가의 노동과 노동자의 노동은 본질적으로 다를 수밖에 없다. 노동자는 타자에게 노동력을 팔아 타자의 소유가 될 물건을 생산하는 자이며, 화가는 (그림의 값과 무관하게) 자신의 재화를 생산하기 위하여 자신의 일에 자신의 노동력을 투여하는 자이나. 그러므로 화가의 노동은 자연스럽게 자신의 삶의 표현이 되지만, 노동자의 노동은 그렇지 못하다. 이렇게 해서 '노동자의 노동으로부터의 소외'가 발생한다. 노동자들이 '할 수만 있다면'(!) 노동을 그만두고 싶어 하는 이유가 바로 이것이다. 그러나 노동자들은 노동을 그만둘 수 없다. 그것을 그만두는 순간 생계를 유지할 수 없기 때문이다. 그리하여 노동자들은, 자신들을 소외시키는, 자신들을 끊임없이 밀어내는, 노동현장을 떠날 수 없다.

쉴 새 없이 도는 것만 놓고 보면
우린 참 많이 닮았다

너는 늘 같은 자리에서
뺑글뺑글 돌다
힘겨우면 더운 바람 내뿜고

나는 늘 같은 자리에서
뺑뺑이 치다
힘겨우면 거친 숨 내몰아 쉬고

선풍기야!
나도 날개를 멈추고 싶다

그런데 누가

누가 스위치를 쥐고 있나

—「선풍기」 전문

"스위치"를 쥐고 있는 것은 노동—주체인 "나"가 아니라, 자본가이거나 생계이다. 자본가는 가성비가 낮은 노동력을 아무 때나 버릴 준비가 되어 있으며, 버림당한 노동자는 생계를 위하여 자신의 노동력을 구매해줄 다른 자본가를 찾아 나선다. 마르크스의 지적대로 노동자는 개별 자본가를 마음대로 떠날 수 있다는 점에서는 "자유 노동자"이지만, 자본가 '계급'을 떠날 수 없다는 점에서는 전혀 자유롭지 않다. 생계가 해결되지 않는 한 노동자는 자본가 계급을 떠날 수 없다. 자본가는 노동자의 노동력을 구매해줄 능력이 있는 유일한 주체이기 때문이다.

II.

자본—노동의 이런 구조를 모를 리 없는 정은호 시인이 나른 노동 시인들과 구분되는 것은, 이런 구조에 대하여 그가 이론적, 강령적 저항을 하고 있지 않다는 사실이다. 그는 모순의 타파를 목소리 높여 주장하는 대신, 자본의 뒤껼에서, (자본의 원동력인) 노동자의 일상을 차분히 그려 나간다. 구조를 전경화(前景化)할 때, 현상들이 지워진다. 정은호는 구조 대신에 일상의 현상들을 앞세운다. 일상은 구조보다 훨씬 구체적이고 물질적이다. 정은호는 시가 추상의 언어가 아니라 물질의 언어이며, 이론의 언어가 아니라 삶의 언어임을 누구보다 잘 알고 있다. 그는 문학이 이파리를 다 떨군 구조물의 전달이 아니라, 이파리에 어른거리는 바람과 습기와 빛의 파노라마와 관련되어 있음을 잘 의식하고 있다. 문학은 구조를 이미 알고 있는 경우에조차 바로 그것으로 가지 않고, 구조가 입고 있는 다양한 무늬들을 먼저 본다. 구조는 죽은 뼈대가 아니다. 그것에는 수많은 정동(情動 affect), 욕망, 절망, 좌절, 그리고 소망들이 기록되어 있다. 문학은 죽은 뼈다귀를 만지는 작업이 아니므로, 살아있는 구조물에 덕지덕지 붙어 있는 정동의 이파리들에 먼저 매혹 당한다. 문학의 손길이 이렇게 살아있는 현상들을 촘촘하게 그려 나갈 때, 서서히, 간접적인 방식으로 구조가 포착된다. 이것이 과학과 달리 문학이 구조를 포획하는 방식이다.

다행히 일거리 늘어
내일부터 잔업을 하란다
주야 교대근무가 정상적으로 돌아간단다
오늘로 파견근무도 끝이란다

일은 줄고 일할 사람이 많은데도
정리해고 하지 않고
잔업을 줄이고 돌아가며 쉬고
주야 교대근무 시간을 줄이고
월급은 줄어도 공장 밖으로
동료들 단 한 명도 나가지 않았다

일거리 줄어들면
서로 고통을 나누는 대신
공장 밖으로 노동자를
쫓아내는 곳이 한두 군데가 아닌데

회사 경영자에게 고맙다
노동조합도 고맙다
서로서로 믿고 고통을 나누며 함께한
동료에게 더 고맙다

—「고맙다」 전문

그리하여 정은호가 자신의 시적 그물로 잡아내는 것은 바로 일상성이다. 그는 자본의 뒤꼍에 있는 노동자의 일상을 포획함으로써, 19세기 이래 지겹게도 변하지 않고 있는 자본—노동의 구조에 다가간다. 그러므로 그가 그려내는 것은—르

페브르(Henri Lefebvre)가 브레히트(Bertolt Brecht)의 연극을 지칭할 때 사용한 표현처럼—"일상생활의 서사"(epic content of everyday life)이다. 그는 일상생활의 작은 이야기들을 통해 자본—노동의 큰 이야기들을 '간접적으로' 보여준다. 이렇게 큰 이야기로 바로 넘어가지 않음으로써, 그는 일상생활의 거대한 창고에 쌓여 있는 삶의 미세한 결(texture)을 건드린다.

내 첫 시집 나왔다고 출판기념회 하는 날

공장 동료가 정장을 하고 오겠단다

일 년 열두 달 잘 해야 서너 번 입는데

이런 날 아니면 언제 또 입겠냐 우기며

굳이 정장을 하고 오겠단다

양복 입고 넥타이를 매야 사람대접 받는다는 것을

잠시라도 노동자라는

무거운 이름을 내려놓고 싶다는 것을

—「이런 날 아니면」 전문

문인들이 모이는 출판기념회에 "굳이 정장을" 입고 가는 것은 (이런 자리의 분위기를 잘 아는 사람이 볼 때) 색다른 행위임이 분명하다. 그런데 바로 이 '다름'을 생산하는 것이야말로 자본주의 시스템에서 노동자가 서 있는 자리이다. "양복 입고 넥타이를 매야 사람대접 받는다"가 시스템의 문법이라면, 노동자는 사실 양복을 입을 일이 거의 없으므로 (이렇게 따지면) 사람대접을 받을 일 역시 거의 없다. 그리하여 양복을 입는 행위가 "잠시라도 노동자라는//무거운 이름을 내려놓"는 일이라는 일상의 진술은 구조를 직접 언급하는 것보다 훨씬 더 구체적인 울림으로 다가온다. 육체노동자들에게 "양복"은 옷이 아니라 선망(wish)의 기표이다.

프란츠 파농(Frantz Fanon)이 『검은 피부, 흰 가면들 Black Skin, White Masks』에서 설명한 것처럼, 피식민지 알제리의 흑인들은 정복자 백인들에게 이중적이며 모순적인 태도를 가지고 있다. 그들은 자신들의 생명과 재산과 종교와 인이 등, 모든 것을 수탈한 백인들에 대하여 한편으로는 적대감을 가지면서 다른 한편으로는 그들의 권력과 지위를 선망한다. 이런 점에서 "흰 가면들"은 "검은 피부"가 자신들의 적들에 대하여 갖는 선망의 기표이다. "검은 피부"는 자신도 모르게 정복자 백인의 시각을 내면화함으로써 자신을 부정하고 백색의 기표들로 자신을 위장하고자 한다. 노동자가 양복을 입고 싶어 하는 것 역시 “잠시라도” 노동자 정체성에서 벗어나 “양복”의 계급이 되기를 선망하는 의식 혹은 무의식의 표현이다. 프로이트의 용어를 빌면 이는 일종의 ‘상상적 소망 충족’의 한 방법인데, 이런 현상은 부정적 현실로부터의 일탈이 사실상 거의 불가능한 상태에서 발생한다. 그러므로 위의 시는 노동자가 “무거운 이름”의 상태에서 벗어나는 것이 현실적으로 거의 불가능한 상황에서 노동자가 겪는 (일종의) 자기—분열의 상태를 보여준다. 그리고 이 분열을 조장하는 것은 자본의 시스템이다.

III.

정은호 시인은 노동자의 삶을 구성하는 일상성을 다양한 층위에서 보여준다. 그가 건드리는 측면들은 각기 독립된 것들이면서 동시에 하나의 커다란 ‘큐브(cube)’를 이룬다. 마치 브레히트의 서사극이 상호 연결되지 않는 수많은 에피소드들의 조합임에도 불구하고 결국의 하나의 거대한 서사적 그림을 그려내는 것과 같은 이치이다. 그는 노동현장에서의 일상사뿐만 아니라 내밀한 가정사들, 그리고 현재의 노동자를 만든 가족사들까지, 21세기 한국의 노동—주체를 형성하고 있는 다양하고도 복합적인 측면들을 보여준다.

하필, 오늘 같은 날 아내랑 한바탕 할 게 뭐람 살가운 코맹맹이 소리 뭔 소린지 알면서도 피곤하다 그냥 자자 딱 잘라버리고, 아침 밥상머리에서 아내 눈치 보다가 수틀려 대문 박차고 나와 공장에서 십몇 년 만에 모범상을 받는데 자꾸 뒤통수가 가렵다 하기야, 날마다 늦게 퇴근하고 집에선 늦게까지 컴퓨터만 붙들고 앉아 있으니 어찌 아내가 좋아하랴 회사에 남편 빼앗겼다고 소송을 낸 황신혜가 나오던 그 난감하던 영화도 생각나고, 애들 챙겨 보내고 표독한 칼날이라도 세웠으면 좋으련만 필경, 울다가 공장에 가 있을 아내 생각을 하니 칼날에 가슴을 베인 듯하다 에이 나쁜 놈아, 점심시간에 전화 걸어 미안하다고 말하려는데, 아내가 밥 먹었냐고 먼저 묻는다

—「모범상 받는 날」 전문

모든 구조는 현상으로 실현된다. 모든 추상은 구상(具象)으로 실천된다. 자본주의라는 거대 시스템 안에서 노동의 문제도 일상에서 물질성을 얻는다. 자본—노동의 문제가 진짜 '문제'인 것은 그것이 추상이 아니라 구체적 개인의 구체적 삶의 형태로 실현되기 때문이다. 위 시는 노동자가 시스템의 부속품이 아니라 소소한 행복과 불행의 서사들이 기록되는 '존엄한' 주체임을 잘 보여준다. 화자인 남편이 아내에게 "한바탕"하고 나서 전화를 걸어 미안하다고 말하려는데, 정작 아

내는 남편을 비난하기는커녕 "밥 먹었냐고 먼저 묻는다". 이 소소한 일화는 바로 그 소소함 때문에 인간에 대한 시스템의 대접이 어떠해야 하는지를 잘 보여준다. 노동자는 다름 아닌 '살아있는 인간'이며, 소소한 일상에 민감한 반응을 보내는 주체이다. 그러므로 시스템이 이 '살아있는' 주체에게 가하는 모든 수탈과 착취는 그 자체 엄청난 폭력이다. 시스템의 거부와 차별과 착취가 살아있는 개체의 삶에 기록될 때, 고통과 상처와 좌절의 무늬들은 추상이 아니라 물질성으로, 즉 살과 피의 느낌으로 새겨진다. 마르크스가 말했듯이, 노동력이라는 상품의 특수성은, 그것이 (다른 상품들처럼 창고가 아니라) 다름 아닌 "인간의 살과 피라는 저장고"에 있는 것이기 때문이다.

행복하다 싶다가도 불안할 때가 많다

장기간 출장지로 떠나기 전
하루 쉬는 날
아이들이 무슨 신명이라도 잡혔는지
까르르 까르르 쪼르르 쪼르르
함박웃음꽃 피워내고
아내는 무슨 맛난 음식을 만드는지
달그락거리는 소리가 부산하다

한 달 일해서 한 달을 사는
공단 노동자로 사는 내 삶이
차오르고 기울고 하는 보름달 같다 해도
그냥 가슴이 벅찼다

출장지로 가는 고속도로 위
떨리는 자동차 핸들인들
어찌 힘주어 쥐지 않으리

—「행복일기」 전문

마르크스는 노동력의 생산단가에 번식 비용이 반드시 포함되어야 한다고 지적한다. 그래야만 자본가들이 낡은 노동자들을 새 노동자들로 교체할 수 있기 때문이다. 마르크스에게 있어서 번식 비용은 생산수단인 기계의 감가상각액과 크게 다를 바 없다. 마르크스는 이런 점에서 '최저임금'이 노동자가 생존하고 번식하는 데 필요한 최저 비용이라 정의한다. 마르크스의 이런 정의가 이론적인 것이라면, 실제로 살아있는 노동자가 노동현장에서 죽어라 일하는 것은 가족의 생계를 책임진다는 책임 혹은 '보람'의 형태로 경험된다. 노동자는 노동행위 자체에서 삶의 의미를 찾는 것이 아니라, 노동력을 판 대가로 얻는 임금과 그것으로 생계를 유지하고 가족을 부양하는 것에서 의미를 찾는다. 그러므로 노동자의 "행복일기"

는 노동현장이 아니라, 노동이 끝나는 지점, 노동으로부터 해방된 지점에서 시작된다. "까르르 까르르 쪼르르 쪼르르"는 노동이 끝난 노동자가 자신의 진짜 삶이 시작되는 곳(가정)에서 듣는 행복의 목소리이다.

> 한여름 작업장엔 여기저기 더운 바람 내뿜는 선풍기 몇 대 돌아가고, 그 더운 바람 쐬며 만든 제품들 쌓아놓은 창고엔 에어컨 두 대 빵빵하게 돌아갑니다
>
> —「거짓말 같습니다」 전문

앞의 시들이 가정에서의 일상이라면 이 시는 노동현장에서의 노동자의 일상이다. 사람이 있는 곳엔 선풍기가 돌아가고 "제품들 쌓아놓은 창고엔" 에어컨이 "빵빵하게" 돌아가는 현실이야말로 노동현장에서의 노동자의 지위를 단적으로 보여준다. 자본가는 노동자에게 노동력의 대가로 임금을 지불하는 것으로 그 책임을 다했다고 생각한다. 그렇게 상품을 생산한 후에 자본가에게 가장 중요한 것은 상품을 훼손되지 않도록 보존하는 것이다. 이 시가 우리에게 새롭게 다가오는 것은 이런 현실을 "거짓말 같습니다"라고 읽는 것이다. 거짓말이 아니고서야 어떻게 사람이 물건보다 더 중요할까. 이것이 이 시가 노동현장이라는 일상의 공간을 통해 던지는 질문이다.

Ⅳ.

정은호 시인이 그리는 자본―노동의 큰 그림은 노동현장이라는 공적 공간과 가정이라는 사적 공간의 일상 외에도 '가난의 역사'에 대한 고찰을 통해서도 드러난다. 자본―노동 시스템의 커다란 문제 중의 하나는 '계급의 세습'이다. 앞에서 마르크스가 임금의 의미가 '번식'에 있다고 말했던 것처럼, 19세기 유럽에서 대부분의 노동자 2세들은 앞 세대를 따라 다시 노동자가 되었다. 21세기 한국에서 이런 현상이 기계적으로 반복되는 것은 아니다. 그러나 꼭 노동자가 아니더라도 가난이 대를 이어 가난을 생산하는 일은 현대 한국에서 여전히 그리고 상당히 보편적인 현상이다.

고등학교 가고 싶다며
몇 날 며칠을 울었다

사내 동생들이 줄줄인데
딸내미 공부시켜 뭐 할 거냐며
억지로 얼굴 붉히며
목소리 높이시던 아버지 마음
왜 모를까마는

퉁퉁 부은 눈으로

누이가 공장으로 가던 날
미안한 마음도
잘 가라는 말도 하지 못하고
나는 감나무 뒤에 숨어
죄 없는 나무 밑동만
툭, 툭
발길질했다

—「가난 1—누이」 전문

이 시는 가난한 부모를 둔 탓에 학교 대신에 공장을 가야 했던 한 어린 여성과 그것을 바라보던 (여성의) 남동생의 시점을 통해, 가난이라는 모순원(矛盾圓)에 가부장제라는 모순원이 겹쳐지면서 어떻게 가난이 세대를 걸쳐 재생산되는지를 잘 보여주고 있다. 어린 남성 화자는 자본과 가부장제의 희생양인 어린 누이를 제대로 쳐다보지도 못하고, "미안한 마음도/잘 가라는 말도 하지 못하고" 숨어서 "죄 없는 나무 밑동만/툭, 툭" 발길질한다. 그러나 이 시의 화자가 이 시집의 다른 화자들과 동일인이라면, 결국 이 시의 남성 화자도 후에 공장의 노동자가 된 것이 분명하다. 이렇듯 노동자의 역사엔 '가난한 가계(家系)'라는 재생산의 구조가 전제되어 있으며, 이 노동자—시간의 보편적 두께가 노동자의 가난에 불행의 의미소를 더욱 증폭시킨다.

언뜻 보면

아무 걱정 없어 보일지라도

살아있다는 것을

쉴 새 없이 증명하는

금붕어

—「입」 전문

이 시는 자본의 '어항'에 갇혀 있는 노동자의 현실에 대한 슬픈 메타포이다. 겉으로 보기에 "아무 걱정 없을지라도" 노동자는 자본—계급의 감옥을 한 치도 떠날 수 없다. 그것은 오로지 생계 때문이며, 그런 점에서 노동자들의 노동—행위는 어항 속에서 껌벅이는 금붕어의 "입"처럼 (그들이) 살아있다는 유일한 표시이다. 그것은 움직임으로 살아있나는 "증명"이 되긴 하지만, 실제로 그들의 '삶의 표명'이 되지 못한다. 왜냐하면 인간은 "금붕어"가 아니기 때문이다. 다만 몸을 움직이는 것만으로 살아있음의 표적을 이룬다면, 이 '이룸'에 '인간'은 어디에 있단 말인가. 이것이야말로 정은호 시인이 수많은 일상의 편린들을 통해, 이 시집을 통해 던지는 질문이다. 시는 그리고 문학은, 인간의 궁핍을 읽는 한 방식이다. 정은호 시인은 노동자의 일상을 통해 자본—노동이라는 시스템의 모순과 결핍을 읽는다. 그리고 이 시스템은 현재로서는 그 종점을 알 수 없으므로 작은 이야기가 아니라 큰 이야기이다. 정은호는 일상성이라는 작은 이야기들로 이 무시무시하고도 거대한 이야기를 건드리고 있다.

이 도서의 국립중앙도서관 출판시도서목록(CIP)은 서지정보유통지원시스템 홈페이지(http://seoji.nl.go.kr)와 국가자료공동목록시스템(http://www.nl.go.kr/kolisnet)에서 이용하실 수 있습니다.(CIP제어번호: CIP2019023735)

문학의전당 시인선 0306

방바닥이 속삭인다

초판 1쇄 발행 2019년 6월 26일
초판 2쇄 발행 2019년 10월 23일
지은이 정은호
펴낸이 고영
책임편집 서윤후
디자인 헤이존
펴낸곳 문학의전당
출판등록 제2017-000002호
주소 서울시 마포구 마포대로 11길 91, 3층
전화 02-852-1977 팩스 02-852-1978
전자우편 sbpoem@naver.com

ISBN 979-11-5896-425-2 03810

* 이 시집은 〈2019 문학나눔 도서보급사업〉에 선정되었습니다.